I0488990

Scalpen macht Spaß!

Teil 2: Beispiele aus der Praxis

Heikin Ashi Trader

Inhaltsangabe

1. Scalpen mit Technischer Analyse?

Im ersten Buch dieser Reihe „Scalpen macht Spaß" habe ich ein einfaches Scalping-Setup vorgestellt, das man jederzeit anwenden kann, egal ob sich der Markt gerade in einem Trend befindet oder seitwärts geht. Dieses Setup ist universell und gilt für alle Zeit-Ebenen. Das zweite Buch der Reihe ergänzt und vertieft dieses Basis-Setup mit einer Anzahl von typischen Mustern, die aus der Technischen Analyse stammen. Sie sind sehr einfach zu verstehen und sehr effektiv. Auch wenn Sie nicht oder sehr wenig mit Technischer Analyse vertraut sein sollten, können Sie diese Beispiele anwenden. Dieses zweite Buch ist das Ergebnis von vielen Fragen, die ich von Teilnehmern an meinen Webinaren und meinem Mentoring-Programm bekommen habe. Ich gebe hier Antworten auf diese Fragen.Ich bedanke mich an dieser Stelle bei all diesen Tradern für Ihre Fragen und Anmerkungen, denn sie sind es schließlich, die den Impuls zu dem zweiten Buch gegeben haben.

Die meisten Trader, die ich kenne (einschließlich ich selbst) haben ihre Trader-Karriere mit dem Studium der Charts angefangen. Das hat Vor- und Nachteile. Charttechnik kann man mit Kartographie vergleichen. Der Trader lernt, die vergangenen Bewegungen und die aktuelle Lage im Kontext der Vergangenheit zu interpretieren. Sie lernen gleichsam, eine Karte zu lesen. Wohin die Reise künftig hingehen wird, wissen Sie damit noch nicht. Der Nachteil dieser Methode ist, dass Sie mit der Zeit den unvoreingenommenen Blick auf die Charts verlieren. Geübte Charttechniker erkennen mit einem Blick markante Hochs und Tiefs. Sie machen Unterstützungs-Levels und Widerstände aus. Sie identifizieren Trends, Fortsetzungsmuster, Umkehrformationen, usw. Mit ihrem geschulten Auge können sie gar nicht anders. Versuchen Sie mal einen beliebigen Chart anzuschauen ohne diese Muster zu sehen. Wenn Sie schon zwei oder drei Jahren nach der Technischen Analyse handeln, wird es Ihnen vermutlich nicht gelingen.

Aber genau dieser unvoreingenommene Blick ist es, den Menschen haben, die noch nie ein Buch über technische Analyse gelesen haben. Es ist, als stünden sie vor einem Gemälde, das sie als „abstrakt" beschreiben würden, während die Technischen Analysten Straßen, Häuser, Bäume, kurz eine ganze Landschaft „sehen". Diesen völlig unvoreingenommenen Blick werden wir, die wir mit Charttechnik aufgewachsen sind, wohl nie mehr haben können. Das haben übrigens Computer-Simulationen bewiesen. Das sind Programme, die virtuelle Charts produzieren, die in der Realität auf keinen Markt oder auf keine Aktie Bezug haben. Es sind rein vom Computer erfundene Märkte. Auch hier erkennen die Charttechniker ihre vertrauten Muster. Sie fangen an, Trendlinien zu ziehen, machen signifikante Hochs oder Tiefs aus, usw. Sie sehen: es gibt kein Entkommen!

Dennoch glaube ich, dass Sie als „Kartograph" mit Gewinn mein im ersten Buch vorgestelltes Setup, das völlig unabhängig ist von Technischer Analyse, handeln können. Hier hilft uns der Heikin Ashi-Chart, der wie kein anderer den „Fluss" des Marktes visualisiert. In diesem zweiten E-Book möchte ich mein Setup mit wichtigen Elementen der Technischen Analyse kombinieren. Die Wahrscheinlichkeit, dass Sie diese Verbindung gewinnbringend anwenden können, ist groß. Es gibt aber keine Notwendigkeit, dass Sie die Beispiele anwenden. Es gibt Scalper, die meine Methode mit einem oder zwei Indikatoren traden und damit völlig zufrieden sind. Andere traden tatsächlich das reine Setup aus Buch 1 und sind damit erfolgreich. Es geht im Trading immer darum, dass sie die Methode finden oder entwickeln, die zu Ihnen passt. Es gibt von daher kein Richtig oder Falsch.

2. Wie interpretiere ich Heikin Ashi Charts?

Bevor wir mit den konkreten Beispielen beginnen, sollten wir uns die wichtigsten Eigenschaften der Heikin Ashi Charts anschauen, denn sie werden in vielen Beispielen zur Anwendung kommen. Zuerst schauen Sie sich diese Tabelle an. Sie fasst die wichtigsten Informationen über Heikin Ashi-Charts zusammen.

Bild 1: Eigenschaften von Heikin Ashi-Charts

Trend	Bullenmarkt	Bärenmarkt
Trend beginnt	Steigende grüne Kerzen	Fallende rote Kerzen
Trend wird stärker	Grüne Kerzen werden länger	Rote Kerzen werden länger
Trend wird schwächer	Grüne Kerzen werden kürzer mit Schatten oben	Rote Kerzen werden kürzer mit Schatten unten
Konsolidierung/Trendumkehr	Spinning Tops / Doji	Spinning Tops/ Doji

Die Eigenschaften sind die gleichen für steigende, wie für fallende Märkte. Die Heikin Ashi-Charts visualisieren Trends viel besser als zum Beispiel Candlestick-Charts. Sie sind gleichsam dafür konzipiert, Trends mit einem Blick zu identifizieren. Der Trader weiß sofort, ob sich der Markt in einer steigenden oder fallenden Tendenz befindet. Die Farbe der Candles lässt darüber keinen Zweifel.

Bild 2: ein Trend in der Heikin Ashi-Darstellung

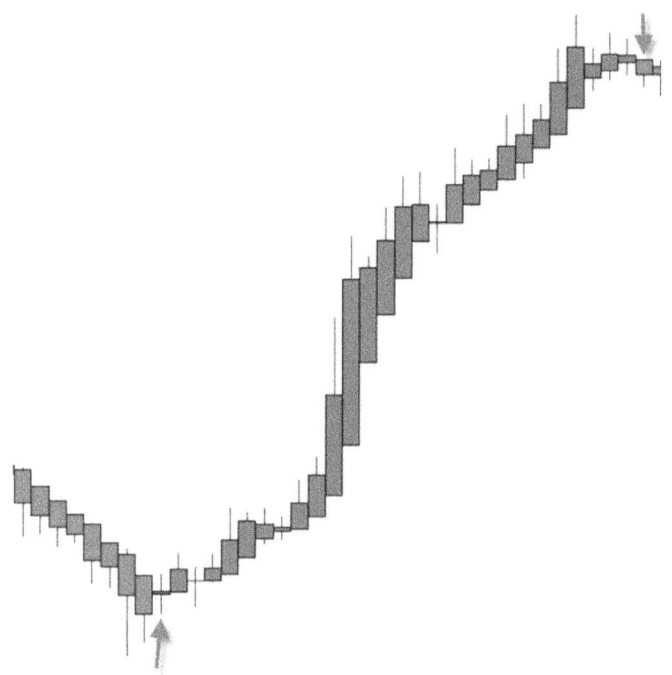

Schauen Sie sich Bild 2 genau an. Die Kerzen bis zum unteren Pfeil sind rot. Dies bedeutet, dass sich der Markt in einem fallenden Trend befindet. Die Kerze, worauf der untere Pfeil deutet, ist ein Doji (gleich mehr dazu) und ist zugleich grün gefärbt. Das wäre für mich ein klassisches Kaufsignal. Wir sehen auch, wie alle nachfolgenden Kerzen grün sind. Jetzt beginnt der Aufwärtstrend. Am Anfang ist der Trend noch etwas zögerlich. Die Kerzen sind klein oder gar unbedeutend, aber sie sind grün. In der Mitte der Bewegung werden die Kerzen bedeutend größer oder länger. Die Bullen haben sich eindeutig durchgesetzt und geben jetzt Gas. Der Aufwärtstrend befindet sich in voller Entfaltung. Im dritten Teil steigt der Markt zwar immer noch aber die Kerzen werden wieder kleiner. Am Ende des Trends werden sie sogar wieder sehr klein wie am Anfang und auch hier taucht ein Doji auf. Die nächste Kerze ist rot (oberer Pfeil). Spätestens hier ist der Aufwärtstrend zu Ende. Der Farbwechsel deutet darüberhinaus darauf hin, dass ein neuer Zyklus beginnt. Die Kurse fangen wieder an zu fallen.

Als Countertrend-Scalper sind Sie gleichsam ein Spezialist für Trends, die zu Ende gehen. Ihre Analyse-Arbeit besteht darin, Trends zu identifizieren und herauszufinden, ob diese noch Momentum haben oder ob sich das Momentum abschwächt. Hier ist die Größe der

Candles von herausragender Bedeutung. Große Candles, womöglich mit langen Schatten, weisen oft darauf hin, dass sich der Trend in voller Entfaltung befindet. In steigenden Märkten bedeutet dies, dass die Bullen das absolute Sagen haben ohne Widerrede. Hier verbietet sich jeder Short-Trade - aber auch jeder Long-Trade! Lange, kräftige Candles heißen, dass die Party im vollen Gange ist. Jeder ist heiß und Sie kämen als letzter Gast auf jeden Fall zu spät.

Bild 3: GBP/USD 2-Minuten-Chart

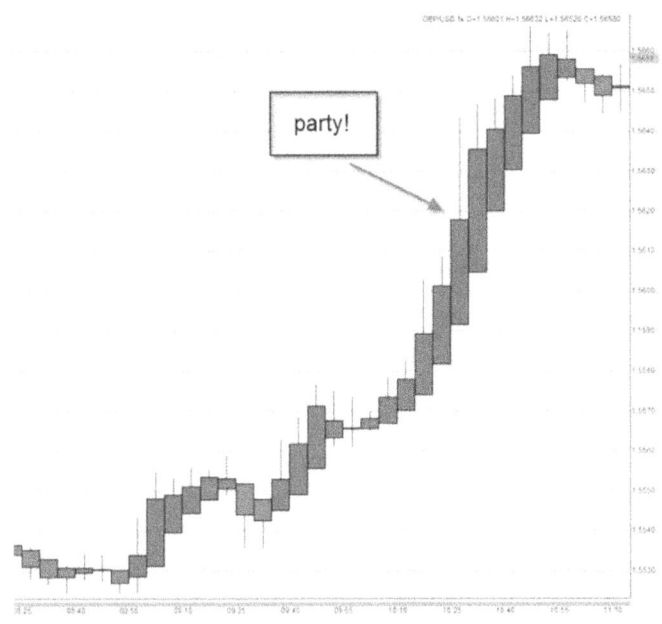

Die Abbildung des GBP/USD verdeutlicht dies. Die mittlere Kerze (Pfeil) ist der Höhepunkt der Party. Die Bullen treiben das Pfund in dieser Periode gut 50 Pips höher! Zugleich sehen Sie einen langen Docht, der darauf hinweist, dass die Party auch bald vorbei sein könnte. Die nächste Kerze ist schon etwas kleiner und das neue Hoch ist nicht viel höher als das vorherige. Dann aber werden die Kerzen immer kleiner. Die letzten zwei grüne Candles bilden auch keine Hochs mehr. Die Bullen haben ihr Pulver

9

verschossen und ihnen geht die Kraft aus. Jetzt sollten sie aufmerksam verfolgen, was als Nächstes geschieht. Am Hoch der Bewegung bilden sich öfter Konsolidierungskerzen, die meistens die Form eines Dojis oder eines Spinning Tops einnehmen.

Bild 4: Doji und Spinning Top

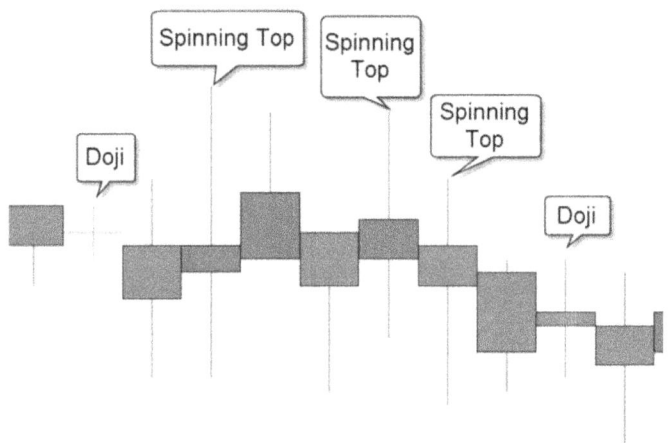

Der Unterschied zwischen beiden ist leicht zu erkennen. **Dojis** haben eher kleine Schatten und fast keinen Kerzenkörper, während Spinning Tops öfter lange Schatten haben und einen kleinen Kerzenkörper. Ein Doji ähnelt einem Kreuz oder einem Plus-Zeichen. Dies bedeutet, dass der Eröffnungskurs und Schlusskurs dieser Periode fast identisch ist. Ein Doji signalisiert ein Gleichgewicht zwischen Käufern und Verkäufern und läutet oft einen Trendwechsel ein.

Spinning Tops sehen zwar ähnlich aus, haben aber eine etwas andere Aussage. Auch hier liegen Eröffnungskurs und Schlusskurs nahe aneinander. Aber die langen Schatten über und unter dem Kerzenkörper deuten darauf hin, dass die Volatilität immer noch hoch ist. Dennoch ist ein Spinning Top eine erste Indikation, dass sich der aktuelle Trend abschwächt, denn weder die Bullen noch die Bären dominieren hier den Markt. Beide Kerzenmuster machen darauf aufmerksam, dass es ein Gleichgewicht zwischen Käufern und Verkäufern gibt. Der Markt ist sich quasi „einig" über den Preis.

3. Wann steige ich ein?

Wenn auf einem Chart entweder ein Doji oder ein Spinning Top oder gleich mehrere nacheinander auftauchen, ist dies für mich ein Zeichen, dass das aktuelle Momentum zumindest vorübergehend zu Ende ist. Es könnte sich um eine Atempause innerhalb des Trends handeln. Es könnte aber auch der Anfang einer Korrektur sein, an der ich als Countertrend-Scalper natürlich interessiert bin. Der Punkt ist: Sie werden es nie im voraus mit 100% Sicherheit herausfinden. Sie wissen nie, ob es sich um eine kurze Pause handelt oder ob sich der Markt anschickt, einen Teil der vorherigen Bewegung zu korrigieren. Und wissen Sie was: Sie brauchen dies auch nicht zu wissen. Trading und Scalping ist ein Probabilitäts-Spiel. Es kommt darauf an, dass Ihre Gewinner größer sind als Ihre Verlierer.

Bild 5: Short-Trade

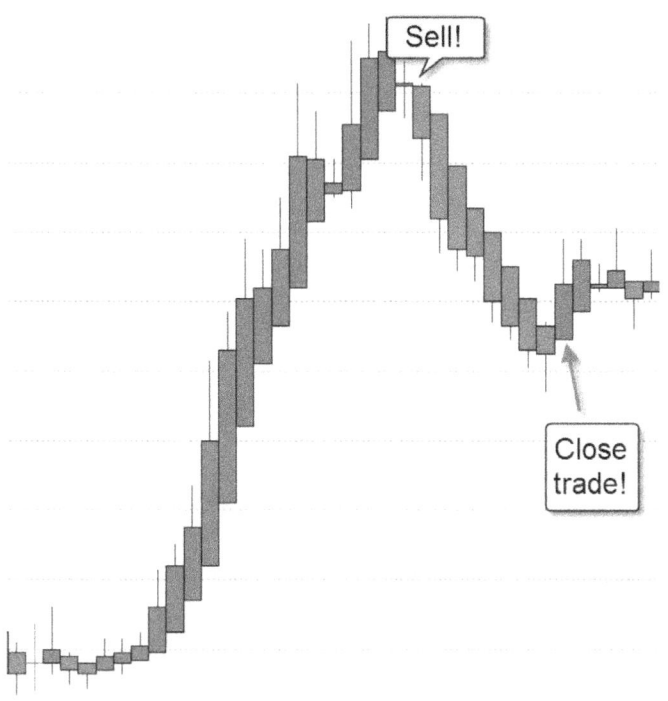

Nach der deutlichen Aufwärtsbewegung (links auf dem Chart) taucht am Hoch ein Doji auf. Dies ist das Signal für die Gegenbewegung. Nachdem diese Doji-Kerze vollständig abgeschlossen ist, sollten sie per Market-Order eine Verkaufsposition einnehmen. Wie Sie sehen können, fällt der Markt anschließend 7 Kerzen-Einheiten. Wenn Sie auf einem 1-Minuten-Chart handeln sind dies genau 7 Minuten. Die achte Kerze ist grün (Pfeil). Dies bedeutet, dass die Bullen wieder die Kontrolle über den Markt haben. Spätestens hier sollten Sie Ihre Position schließen und Ihren Gewinn realisieren.

Sind Sie also short gegangen und stellen aber nach kurzer Zeit fest, dass es sich nur um eine Pause gehandelt hat und dass der Markt den vorherigen Trend fortsetzt, sollten Sie unverzüglich Ihre Position schließen. Meistens wird ein kleiner Verlust entstanden sein, den Sie als Trader akzeptieren müssen. Verluste sind die Kosten unseres Business, vergessen Sie das nicht!

Liegen Sie aber richtig mit Ihrer Einschätzung und der Markt korrigiert, werden Sie einen Gewinn realisieren (wie im Bild 5). Aber aufgepasst! Auch hier ist Unsicherheit, denn Sie werden nie im Voraus wissen können, wie weit die Korrektur geht. Manchmal gibt Ihnen der Markt einige Punkte oder Pips und dreht dann wieder. Nehmen Sie diesen kleinen Gewinn und fahren Sie fort mit dem nächsten Trade. Manchmal wird es aber auch eine größere Korrektur sein wie im Bild 5 (etwa 50% der vorherigen Bewegung). Und im allergünstigsten Fall korrigiert der Markt sogar die gesamte vorherige Bewegung und sogar mehr. Das sind Geschenke und auch diese sollte man dankbar nehmen. Innerhalb einer Handelswoche gibt es immer wieder solche Geschenke. Das sind die Trades, die am Ende Ihre Wochen-Performance (oder Tages-Performance) erheblich steigern.

4. Wann steige ich aus?

Ich habe darauf eine sehr einfach Antwort: die Farbe der Heikin Ashi-Kerzen wird Ihnen sagen, ob Sie die Position schließen müssen oder nicht. Schauen Sie sich nochmal Bild 5 an. Nach einer Rally tauchte auf einmal ein Doji auf. Das Short-Signal kam dann mit der nächsten Kerze, deren Körper eindeutig rot gefärbt ist. Der Markt fiel dann 8 Minuten lang und korrigierte etwa 50% der vorherigen Bewegung. Dann tauchte die erste grüne Kerze auf und signalisierte damit, dass die Korrektur-Bewegung zu Ende ist (Close Trade!).

Wenn Sie im 1-Minuten-Chart short sind und der Markt produziert eine rote Candle nach der anderen, warum sollten Sie aussteigen? Genießen Sie den Ritt und nehmen Sie so viele Pips oder Punkte mit, wie Sie können. Sie werden sie noch brauchen. Bedenken Sie: die Korrektur, die Sie gerade traden oder scalpen unterliegt den gleichen Gesetzen wie der vorherige Trend, an dem Sie sich orientiert haben für Ihren Trade. Auch die Korrektur kann Momentum entwickeln. Vielleicht ist sie am Anfang bescheiden und es gibt nur kleine

Kerzen. Sie können irgendwann größer werden und Ihnen richtig viel Gewinn einbringen. Aber auch die Korrektur geht irgendwann in eine Konsolidierungsphase über. Werden aber auch hier die Kerzen kleiner oder tauchen gar Dojis oder Spinning Tops auf, ist es meistens Zeit sich (mit dem Gewinn in der Tasche) aus dem Staub zu machen, denn die erste grüne Kerze ist nicht mehr weit. Scalpen ist eben nicht für ruhige Gemüter. Es geht um schnelle Gewinne in diesem Geschäft und die sollten sie auch mitnehmen!

Dies scheint irgendwie selbstverständlich zu sein. Wenn Sie schon eine Weile scalpen werden Sie erleben, dass Sie natürlich immer hoffen, mehr aus dem Trade herauszuholen als das, was Ihnen der Markt gibt. Das ist menschlich aber es ist natürlich ein Fehler. Das Wort hoffen müssen Sie als Trader definitiv aus Ihrem Vokabular streichen. Sie müssen lernen, regelmäßig und konsequent Gewinne zu realisieren, genauso wie sie lernen müssen, regelmäßig und ohne zu zögern kleine Verlust-Trades zu nehmen. Zögern Sie also nicht, wenn Ihnen der Chart eindeutig zeigt, dass die Korrektur zu Ende ist. Der Markt befindet sich in einem ständigen

Fluss, Kauf- und Verkaufswellen kommen und gehen und Ihr Job ist es, auf diesen Wellen zu reiten, so gut wie es irgendwie geht. Es ist von daher von überragender Bedeutung, dass Sie über Instrumente verfügen, die genau diesen Fluss am besten visualisieren. Und dies leisten in meinen Augen die Heikin Ashi Charts.

5. Arbeiten mit Kurszielen oder nicht?

Das Basis-Setup, so wie ich es bis jetzt vorgestellt habe arbeitet ohne Kursziele. Der Scalper bleibt in dem Trade solange kein Farbwechsel in den Heikin Ashi-Charts stattfindet. Kombinieren Sie das Basis-Setup mit Technischer Analyse können Sie Kursziele benutzen. Diese beruhen dann auf Ihre Einschätzung des Marktgeschehens. Die Frage lautet dann: Gibt es auf Grund von bestimmten technischen Levels Drehpunkte im Markt (mehr darüber in den nächsten Kapiteln)? Wenn Sie Erfahrung haben mit technischen Levels werden Sie oft erleben, dass Ihr Kursziel exakt erreicht wird. Sie werden aber genauso erleben, dass der Markt mit Wucht über das Ziel hinausschießt. In dem Fall begrenzt Ihr Takeprofit-Order Ihre Gewinne. Dies verstößt natürlich gegen die Hauptregel des Börsenhandels: Verluste begrenzen, Gewinne maximieren. Diese Regel wurde aber nicht für Scalper formuliert sonder eher für Trendfolger und Positionstrader. Sie werden aber auch oft erleben, dass Ihr Kursziel gar nicht erreicht wird und der Markt schon vorher dreht. Dann sollten Sie sich an den Heikin Ashi-Kerzen orientieren.

Wechselt die Farbe der Kerzen? Werden sie kleiner? Tauchen Dojis oder Spinning Tops auf? Es gibt aber einen anderen Grund, weshalb Sie auch als Scalper das Traden mit Kurszielen in Betracht ziehen sollten. Ihr Kursziel wird manchmal schneller erreicht, als Sie es für möglich gehalten haben. Oft sind Sie dann auch nicht in der Lage, die Position schnell zu schließen. In der nächsten Sekunde steht der Markt schon wieder fünf oder sechs Pips höher oder tiefer. Die automatisierten Order vieler Handelssysteme treiben den Markt in die eine oder andere Richtung, zu Ihren Gunsten oder Ungunsten. Deshalb sollten Sie auch mit einem fixen Stopp und mit einem ambitionierten Kursziel arbeiten. Wird das Kursziel nicht erreicht, dann nehmen Sie die Takeprofit-Order wieder aus dem Markt. Wird es dank eines schnellen Moves erreicht, freuen Sie sich, dass Sie dem Markt ein Schnäppchen geschlagen haben. Scalpen mit einem Takeprofit-Order wird Ihnen mal Vorteile, mal Nachteile bringen. Auch hier gibt es kein Richtig oder Falsch. Jeder Scalper muss am Ende sein eigenes Regelwerk entwickeln. Erfahrungsgemäß ändert sich das Regelwerk im Laufe einer Trader-Karriere und mit zunehmender Erfahrung.

6. Heikin Ashi-Scalping in der Praxis

Ich möchte nun anhand eines Trading-Vormittags im EUR/USD zeigen, wie ich scalpe. Nachfolgend sehen Sie eine Anzahl von Screenshots, die ich gemacht habe, während ich trade. Sie zeigen anschaulich, wie der Einstieg und der Ausstieg bei jedem Trade erfolgt. Außerdem werde ich das Stopp-Management besprechen und am Ende meine Ergebnisse bewerten.

Bild 6 EUR/USD, 30-Sekunden-Chart

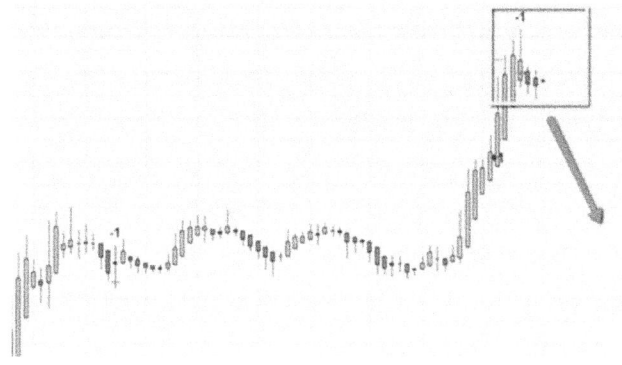

Ich wählte an diesem Tag zunächst die 30-Sekunden-Einstellung, weil es ein sehr schneller Markt war. Sie sehen: es ist wichtig, immer flexibel zu bleiben und nicht starr an einer

21

eingerichteten Chart-Einstellung festzuhalten. Der Markt ist im ständigen Fluss und jeder Tag ist anders. Mal sind die Bewegungen schnell, mal sind sie langsam. Das bedeutet: an manchen Tagen werden Sie die Trends besser auf einem 1-Minuten-Chart erkennen, an anderen Tagen besser auf einem 2-Minuten-Chart. Dies können Sie mit einem Mausklick verändern. Und auch während der Trading-Session kann es sein, dass ich die Chart-Einstellung ändere, weil sich die Volatilität geändert hat.

Sie sind der Trader. Wenn Sie immer feste Parameter wählen, können Sie die Arbeit genauso von einem Computer-Programm ausführen lassen. Wenn Sie Ihre wertvolle Zeit einsetzen, um zu traden, sollten Sie also einen Vorteil gegenüber automatischen Handelssystemen haben. Ein Vorteil ist, dass Sie als geübter Scalper den Markt jederzeit neu bewerten können, indem Sie manuell Ihre Charts dem Markt anpassen.

Wie Sie im Bild 6 sehen können, ging der EUR/USD zunächst seitwärts. Diese Mini-Bewegungen waren so unbedeutend, dass sie es nicht wert waren, gescalpt zu werden. Mein

Setup funktioniert am besten bei klaren Trends. Erst als der Ausbruch kam, und der Euro wieder zu steigen begann, war ich interessiert. Beachten Sie auch, dass die Heikin Ashi-Candles größer werden nach dem Ausbruch. Die Käufer waren zurück! Natürlich hätte man diesen Ausbruch traden können, aber Sie kennen mittlerweile meine Philosophie: ich spekuliere nicht darauf. Ich warte auf eine klare und erkennbare **Aktion** des Marktes und trade dann die **Gegenreaktion**. Deswegen wartete ich ab, bis sich die Rally erschöpfte und ging dann bei der ersten roten Kerze short bei 1,3563 (im Quadrat). Es war mein erster Trade an dem Tag, also wählte ich zunächst eine kleine Position (100.000 $). Ich wollte zunächst ein Gefühl für den Markt bekommen. Das ist sehr wichtig!

Ein weiterer Eckpunkt meiner Trading-Philosophie ist, dass ich im Flow sein möchte. Ich möchte mit den Waves traden. Niemand ist gleich am Anfang des Handelstages im Flow. Der entsteht erst im Laufe des Tradens.

Wusste ich, dass der Markt korrigieren würde? Natürlich nicht! Der Markt würde mir sagen, ob ich richtig liege oder falsch und wie weit er korrigieren möchte. Der rote Pfeil deutet in etwa meine Erwartung an. Ich setzte also darauf, dass der Euro erneut das Ausbruchs-Level ansteuern würde, wo er vorhin eine Seitwärtsbewegung (linke Seite des Charts) ausgeführt hatte.

Bild 7 EUR/USD, 2-Minuten-Chart

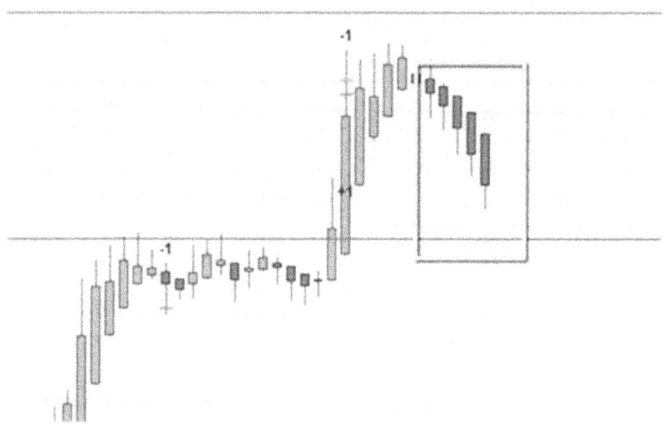

Um eine bessere Übersicht zu bekommen, habe ich bei Bild 7 auf einen 2-Minuten-Chart umgeschaltet. Der Markt gab mir offensichtlich recht und der EUR/USD korrigierte die vorherige Ausbruchs-Bewegung. Auf Bild 7 sind wir kurz vor dem Erreichen meines Kurszieles angekommen. Das war die untere horizontale Linie. Hier lag meine Take-Profit-Kauforder bei 1,3551. Diese würde meine Position automatisch schließen, sobald dieses Niveau erreicht würde.

24

Wie gesagt, wenn man mit Kurszielen arbeitet sollte man versuchen, realistische aber dennoch ambitionierte Kursziele zu setzen. Für mich war das dieses Ausbruchslevel von vorhin, also in etwa dort, wo meine Kauforder lag. Wenn mein Szenario aufging, konnte ich mit diesem Scalp-Trade in etwa 13 Pips Gewinn erzielen. Die obere horizontale Linie ist der Stopp-Loss bei 1,3571. Diese Order schützt meine Position gegen größere Verluste. Der Stopp lag also in etwa 7 Pips über meinem Einstiegspreis. Anders gesagt: ich riskierte 7 Pips um 13 zu gewinnen. Das ist ein gutes Chance-Risiko-Verhältnis für einen Scalper. Bei Scalpern liegen die RRR (Risk Reward Ratios) oft bei 1:1. Als ich den Screenshot gemacht habe lag der Preis bei 1,3554. Ich lag also schon gut 9 Pips vorne. Mein Kursziel war nicht mehr weit entfernt. In Euros umgerechnet war dies ein Gewinn von 65,90 Euro.

Bild 8: EUR/USD, 1-Minuten-Chart

In Bild 8 hatte ich wieder auf den 1-Minuten-Chart, meine bevorzugte Chart-Einstellung, umgeschaltet, um den Markt genauer studieren zu können. Die Zahl -1 oben zeigt den Ort, wo ich short gegangen war und +1 (im Quadrat) den Ort, wo die Take-Profit-Order meine Position geschlossen hatte. Mein erwartetes Szenario war also wenige Minuten später eingetreten und ich konnte den erhofften Gewinn von 13 Pips einstreichen. Wie gesagt hatte ich lediglich mit einem Lot gehandelt, da dies der erste Trade des Tages war. Auch Scalper müssen sich erst warmlaufen! Mit dem gewonnenen Selbstvertrauen schaltete ich nun einen Gang höher und ging sofort wieder long, diesmal mit 5 Lots (+5 im Quadrat) . An der Börse kommt es eben vor allem darauf an, soviel wie möglich zu verdienen, wenn du gut bist und die Verluste so klein wie möglich zu halten, wenn es nicht so gut läuft. Oder dann lieber gar nicht zu traden.

Wenn ich den Short-Trade schließe, heißt dies natürlich, dass ich eine Gegenbewegung erwarte. Es wäre dann unlogisch, nicht long zu gehen. Scalpen ist reagieren auf das, was der Markt dir erzählt. Sonst nichts. Wenn du gut drauf bist, geschieht dies ohne nachzudenken. Ich war also 5 Lots long bei 1,3552. Die untere horizontale Linie auf Bild 8 ist diesmal die Stop-Loss-Order. Diese lag auf 1,3540, also gut 12 Pips tiefer. Dies war etwas konservativ gesetzt, zumal mein Kursziel bei 1,3565 lag, also 14 Pips über dem Einstiegspreis. Sie sehen: das Chance-Risiko-Verhältnis ändert sich dramatisch! Es lag mit Mühe etwas über 1:1.

Es gibt aber einen Aspekt, der wichtig ist und den ich hier nicht zeigen kann: der Faktor Zeit. Als Scalper möchte ich, dass mein erwartetes Szenario bald eintritt. Ich möchte also, dass es gleich in meine Richtung geht. Ist dies nach wenigen Minuten noch immer nicht der Fall, fange ich an, meinen Stopp-Loss näher an den Einstiegspreis zu schieben. Diese Maßnahme beruht auf einer Erfahrung, die viele Trader gemacht haben. Wenn der Trade nicht gleich aufgeht, wird die Wahrscheinlichkeit von Minute zu Minute geringer, dass dies irgendwann noch geschehen wird. Es kommt als Trader dann eben darauf an, den Schaden so gut wie möglich zu begrenzen.

Eine Möglichkeit, dies zu tun, ist den Abstand zum Stopp zu verkleinern (nicht zu vergrößern!). Irgendwann (und dieses Irgendwann kommt dann ziemlich bald) tritt die Erkenntnis ein, dass der Trade nicht aufgeht und dass es besser wäre, die Position zu schließen. In der Regel bedeutet dies einen kleinen Verlust. Machen Sie das lieber etwas zu schnell als zu spät. Diesbezüglich bin ich selbst rigoros. Meine Erwartung tritt ein oder eben nicht. Wenn nicht, will ich aus dem Markt. Dieser Zeitstop hat vor allem auch die Funktion, mich selbst vor unnötigem „Hoffen dass es noch gut kommen könnte" zu schützen. Ich will, dass es gleich in meine Richtung geht. Wenn nicht, dann will ich eben raus.

Bild 9: EUR/USD, 1-Minuten-Chart

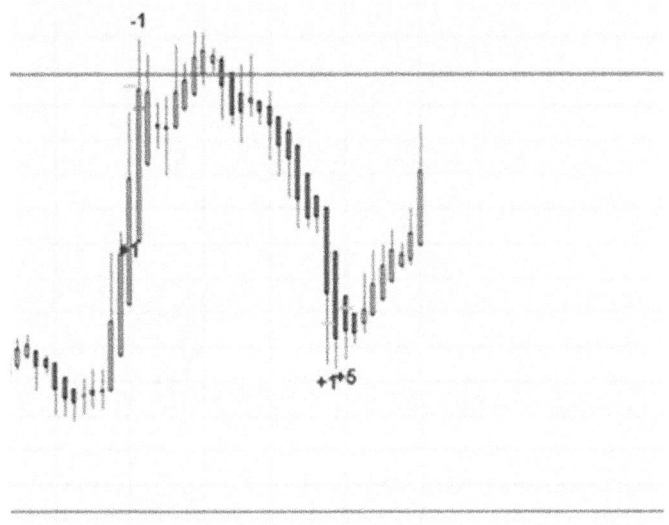

Nach 7 Minuten ist der Trade schon ordentlich im Gewinn (Bild 9). Zwar ist mein Kursziel (obere Linie) noch nicht erreicht, aber meine Einschätzung war richtig. Der EUR/USD steht bei 1,3562, also knapp 11 Pips über meinem Einstiegspreis. Ein Buchgewinn von 362 Euro kann sich sehen lassen. Bemerken Sie auch, wie die Heikin Ashi-Kerzen erst klein waren am Anfang dieses neuen Aufwärtstrends. Die letzte Kerze zeigt da schon mehr Dynamik. Die Party ist also in vollem Gange!

Mein neues Kursziel liegt in etwa auf dem Niveau, wo ich vorhin short gegangen war. Natürlich weiß ich auch hier nicht, ob der Markt nochmal dahin gehen würde. Der große Vorteil von Take-Profit-Ordern ist, dass die Position automatisch mit Gewinn aus dem Markt geholt wird, sobald das Kursziel erreicht wird. Wenn ich aber das Gefühl habe, dass der Markt dieses Kursziel nicht erreichen wird, dann kann ich das Kursziel niedriger ansetzen. Oft ist es eine Frage der Einschätzung. Fehlt Momentum? Dann ist es vielleicht besser die Gewinne jetzt mitzunehmen. Und auch hier helfen mir wieder die Heikin Ashi-Charts. Sie zeigen mir sehr klar, ob das Momentum anhält oder nicht.

Bild 10: EUR/USD, 1-Minuten-Chart

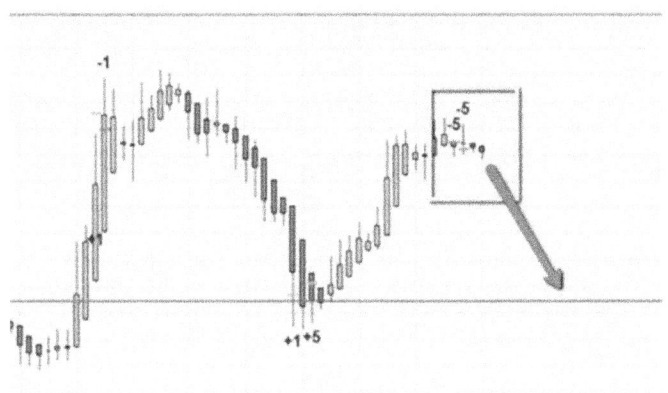

Und siehe da! Einige Minuten weiter gibt es nach den ersten hoffnungsvollen 10 Minuten keine weiteren Hochs mehr. Der Markt beginnt seitwärts zu laufen, die Heikin Ashi Kerzen werden immer kleiner und – wen wundert's – der erste Doji taucht auf! Für mich Grund genug den Gewinn zu realisieren und sofort wieder short zu gehen! Wenn Sie das Gefühl haben, dass der Markt nicht höher will oder kann, dann gehen Sie short. Das ist einfach logisch.

Mein Short-Einstieg lag bei 1,3562. Der Stopp (obere horizontale Linie) bei 1,3572, also gut 10 Pips vom Einstieg entfernt. Das Kursziel lag bei 1,3550, 11 Pips tiefer. Auch hier wieder lediglich ein Chance-Risiko-Verhältnis von 1:1, aber wie gesagt, bin ich schnell dabei, den Stopp in die Richtung des Einstiegspreises zu verschieben, sollte sich der Trade nicht wie erwünscht entwickeln.

Sie sehen: Scalpen und Traden im Allgemeinen hat viel damit zu tun, Chance und Risiko immer wieder zu Ihren Gunsten zu verschieben. Versuchen Sie also immer, etwas so günstig wie möglich zu bekommen. Gute Scalper sind darin Meister!

Bild 11: EUR/USD, 1-Minuten-Chart

Bild 11 illustriert dieses Vorgehen. Ich war short und lag schon einige Pips im Gewinn, aber ich hatte irgendwie das Gefühl, dass zu wenig Dynamik in der Bewegung war. Ich setzte also den Stopp auf Break-Even (Obere horizontale

Linie im Rechteck). Ich empfehle zwar, dies nicht zu schnell zu tun. Die Volatilität sorgt dafür, dass man relativ schnell ausgestoppt wird, wenn die Order zu nah am Markt steht. Trotzdem kann es in manchen Fällen notwendig sein, dem laufenden Trade nicht allzu viel Raum zu geben, wenn der Markt nicht schnell genug in Ihre Richtung geht. Oft kommt dann ein schnelle Gegenbewegung und bevor Sie reagieren können, steht der Trade im Minus.

Bei einem Stopp auf Break-Even ändert sich mein Chance-Risiko-Verhältnis wieder dramatisch. Stopp auf Break-Even heißt: free Trade. Im schlimmsten Fall kommen Sie mit 0 aus dem Markt aber Sie behalten die Option, dass sich der Trade dennoch in Ihre Richtung entwickelt. Das ist natürlich die Beste aller Welten. Bei Scalp-Trades gegen den aktuellen Trend (steigend) sollte man etwas vorsichtiger vorgehen, auch wenn solche Trades sehr profitabel sein können

Bild 12: EUR/USD: 1-Minute-Chart

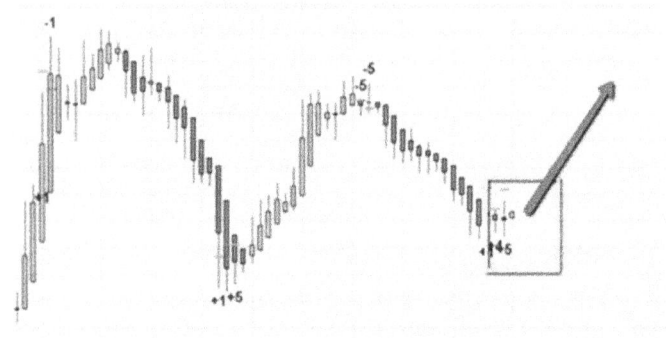

Mein Kursziel wurde nicht erreicht, aber ich konnte den Trade doch mit einem ordentlichen Gewinn schließen. Sie sehen klar, dass auch hier ein Doji die Wende wieder ankündigt. Deswegen ging ich wieder long mit 5 Lots.

Bild 13: EUR/USD: 1-Minute-Chart

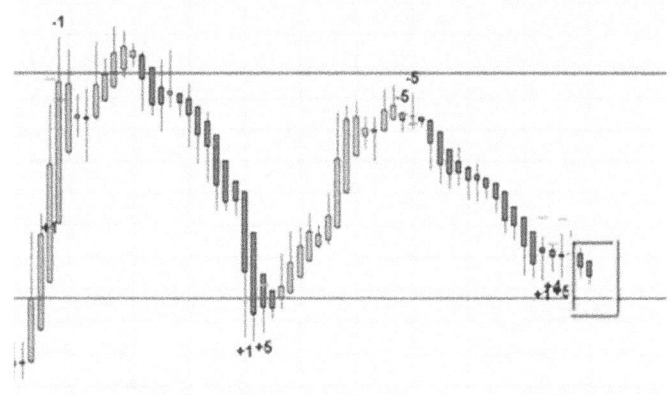

Diesmal war das Glück nicht auf meiner Seite. Nach drei Minuten sind die Kerzen immer noch rot. Es scheint so, als hätte ich diesmal den Markt falsch eingeschätzt. Ich schiebe den Stop-Loss also konsequent näher zum Einstiegspreis (untere Linie). Es gibt noch etwas Luft, aber die Erfahrung lehrt, dass diese Situation in der Regel zu einem Verlust führt. Deswegen auch hier: Schaden begrenzen! Der Verlust war 226 Euro. Zeit für eine Pause..

Bild 14: Ergebnisse dieser 4 Scalp-Trades

Trade Nr.	Lots	long/short	start	end	Pips	Euros
1	1	short	10:33	10:55	13	124.00
2	5	long	10:55	11:10	11	530.00
3	5	short	11:11	11:26	7	354.00
4	5	long	11:27	11:48	-5	(226.00)
Total	16				26	**782.00**

Die Ergebnisse dieser guten Stunde Scalpen waren recht gut. Ich konnte 26 Pips erwirtschaften und damit schließlich 782.00 Euro verdienen.

Natürlich läuft es nicht immer so gut aber wer diszipliniert ist, wird immer wieder auch gute Tage wie diese haben. Spaß macht Scalpen auf dieser Art auf jeden Fall!

7. Hilft die Chartanalyse beim Heikin Ashi-Scalpen?

Wir haben jetzt die Basis gelegt für das erfolgreiche Heikin Ashi-Scalping. Im Grunde genommen können Sie mit diesem Wissen loslegen und scalpen. Ich möchte Ihnen in diesem Buch aber noch weitere interessante Hinweise geben. Das Basis-Setup, das ich Ihnen im Kapitel 3 anhand eines Beispiels nochmal detailliert vorgestellt habe, möchte ich jetzt mit Chartanalyse kombinieren. Ich möchte untersuchen, ob es Elemente der Technischen Analyse gibt, die mein Setup unterstützen. Die Frage lautet also: Können wir die Einstiege (und Ausstiege!) mit noch größerer Präzision durchführen? In den folgenden Beispielen möchte ich Ihnen zeigen, dass das Scalping-Setup sehr gut mit wichtigen Prinzipien der Technischen Analyse einhergeht, ja sie sogar bestätigt.

A. Unterstützung und Widerstand

Bild 15: EUR/USD, 1-Minuten_Chart

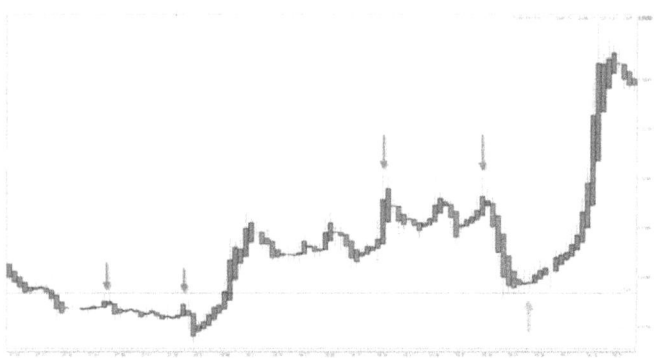

In diesem Beispiel sehen wir einen klassischen Fall aus dem Morgenhandel im EUR/USD. Im Frühhandel (links im Chart) pendelte der Euro vorwiegend seitwärts. Die horizontale Linie deutet eine Unterstützungslinie im Mikrobereich an, die später noch wichtig werden wird. Wir sehen, wie der Euro zwischen 7.00 und 8.00 Uhr um diese Linie tanzt. Zunächst ist sie Unterstützung und ein wenig später fällt der Euro unter die Linie. Somit wird sie Widerstand (erste zwei Pfeile nach unten links). Kurz nach 8.00 Uhr stellen wir fest, dass der Markt die Linie nach oben wieder durchbricht. Die Candles werden größer und regelmäßiger. Das ist ein erstes Indiz für den heutigen Tag: es sind Käufer im Markt. Und ja, eine halbe Stunde später steht schon die runde Marke bei 1,1200 zur Disposition (dritter und vierter Pfeil nach unten). Zunächst wird sie 2 Mal getestet. Dies hätte man traden können aber die Heikin Ashi Candles gaben das nicht wirklich her.

Und jetzt wird es interessant. Der Markt kommt etwas zurück und testet nochmal die Unterstützungslinie, die ja kurz nach 8.00 wieder überwunden wurde. Das ist geradezu mustergültig. Jetzt wollen wir uns mal im Detail anschauen, was der Euro an dieser Stelle macht.

Bild 16: EUR/USD, 1-Minuten-Chart

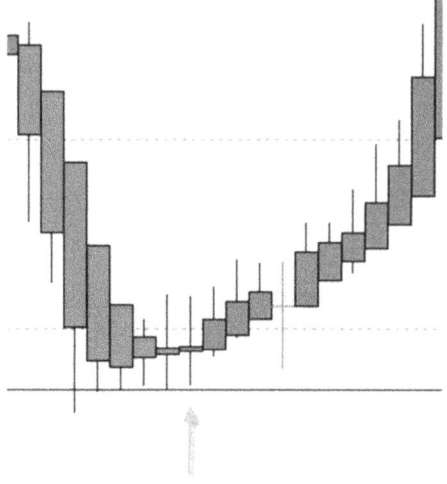

Wir sehen, dass nach dem Test der runden Zahl 1,1200 der Euro gut 20 Pips zurückkommt (rote Candles links). Dies absolviert er in 3-4 Minuten. Die nächsten zwei Candles sind deutlich kleiner, was auf eine Abschwächung der Dynamik hinweist. Die Kurse berühren zwar besagte Unterstützungslinie, fallen aber nicht unter die Linie. Die nächsten Kerze ist ein Doji. Dies deutet auf ein Gleichgewicht zwischen Käufern und Verkäufern hin. Spätestens hier muss der Heikin Ashi-Scalper wachsam die Kurse verfolgen, denn bei der nächsten Kerze wechselt die Farbe von rot auf Grün! (Pfeil) Das Kaufsignal ist da! Jetzt sollte der Scalper nicht zögerlich sein. Er soll kaufen, denn wir sehen, dass die Kurse bei der nächsten Kerze bereits anziehen. Die Käufer treten in Aktion. Der Vorteil dieser charttechnischen Situation ist, dass man den Trade mit einem sehr engen Stopp-Loss absichern kann. Ich würde in diesem Fall sagen: zwischen 3 und 5 Pips.

Wenn ich den Stopp zu eng setze, riskiere ich dann nicht dass ich durch eine zufällige Bewegung aus dem Markt geholt werde? Antwort: ja, Sie riskieren dies. Und es wird Ihnen im Übrigen immer wieder passieren, in

40

jedem Markt. Es gehört zum Trading dazu und Sie müssen lernen, es als Kosten Ihres Business zu verstehen. Kommen Sie also nicht auf den Gedanken bei einer solchen Chance einen weiteren Stopp zu wählen. Entweder hält diese morgendliche Unterstützung oder sie hält nicht. Die Bullen gaben seit 08.00 Uhr den Ton an. Jetzt sollten sie auch zeigen, was sie drauf haben. Und die Bullen gaben Gas. Nicht nur wurde die runde Zahl 1,1200 energisch überwunden, sie setzten nochmal 20 Pips oben drauf. Dauer: 2 Minuten. Anders gesagt: diese ausgezeichnete Gelegenheit am Morgen hätte Ihnen Ihre ersten 40 Pips erbracht. 40 Pips. Das ist mehr als der Tagesdurchschnitt der meisten Scalper, die ich kenne. Es gibt Ausnahmen. Aber das sind sehr begabte und im übrigen sehr scheue Individuen, von denen Sie in aller Regel nichts hören werden.

Bild 17: EUR/USD, 1-Minuten-Chart

Bild 17 zeigt den klassischen Fall einer Unterstützung, die zum Widerstand wird. Dies war ein sehr ruhiger Tag im EUR/USD. Am frühen Morgen kann das Paar das Level 1,1420 noch verteidigen (horizontale Linie im Chart links). Kurz vor 9.00 Uhr gelingt es den Verkäufern schließlich, diese Unterstützung zu durchbrechen und sie schicken den EUR/USD Richtung 1,1380, eine eher bescheidene Bewegung. Der Handel ist dann etwas lustlos, bis die Käufer den Euro bis zum Level 1,1420 zurückführen können. Wir sehen, wie die bullishen Kerzen gerade das Widerstands-Level erreichen, um dann abzuschwächen. Nach zwei vergeblichen Versuchen, den Widerstand zu überwinden, erscheint dann die erste rote Kerze (Pfeil nach unten): das Shortsignal ist da. Dies erbrachte zwischen 10-15 Pips.

B. Swing Hoch und Swing Tief der vorherigen Tage

Bild 18: USD/CHF, 1-Minuten-Chart

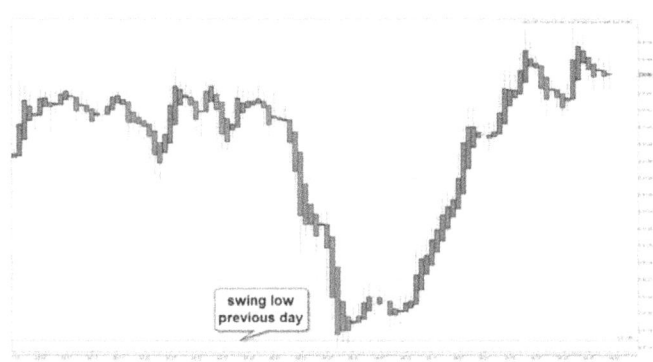

Bild 18 zeigt den 1-Minuten-Chart des Währungspaares USD/CHF. Nachdem der Franken im frühen Handel seitwärts ging (links oben) tauchte er kurz vor 9.00 Uhr nach unten ab und erreicht damit exakt das Swing-Low des vorherigen Tages. Die erste grüne Kerze an dieser Stelle ist ein Doji aber eine Longposition schien mir gerechtfertigt auf Grund der charttechnischen Lage. Man konnte dieses Swing-Low mit relativ kleinem Stopp-Loss von 5 Pips traden. Wir sehen, dass der USD/CHF die vorherige Bewegung vollständig korrigiert. Nicht unüblich im Währungshandel!

Bild 19: EUR/GBP, 5-Minuten-Chart

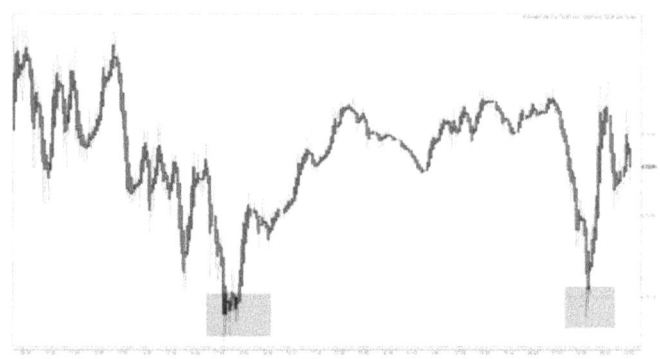

Bild 22 zeigt einen 5-Minuten-Chart des Währungspaares EUR/GBP. Auch hier testet der Markt im Morgenhandel das Swing-Tief des vorherigen Tages (erstes dunkles Rechteck). Solche „Abtaucher" sind oft hervorragende Kaufgelegenheiten, weil sich die Marktteilnehmer sehr gut an dieses Level erinnern. Außerdem warten an solchen Levels auch institutionelle Order, die nochmals günstig in den Markt kommen wollen. Oft sind es dieselben Akteure, die den Markt genau bis zu ihren Kaufordern gedrückt haben. Die Großen wissen das Spiel schon zu spielen!

Bild 20: DAX, 1-Minuten-Chart

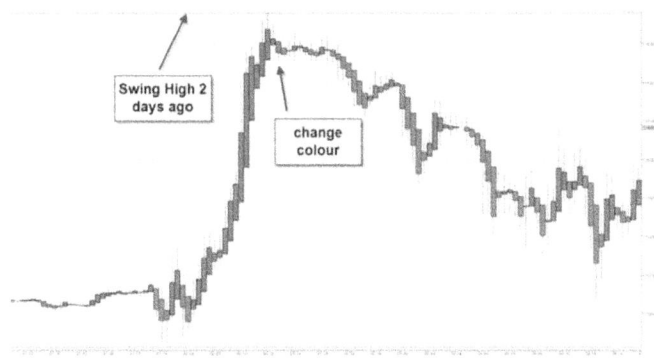

Der Deutsche Index DAX ist auch einer meiner bevorzugten Märkte, wenn es um Scalping mit dem 1-Minuten-Chart geht. Dieses Beispiel im Bild 20 ist ebenfalls ein Klassiker. Wir sehen, wie der DAX im vorbörslichen Handel (vor 9.00 Uhr) eine kleine Rally hinlegt und ein früheres Swing-Hoch erreicht. Dieses Level war zwar schon 2 Tage alt aber man sieht, dass die Marktteilnehmer sich durchaus an dieses Level erinnern. Nachdem das Preis-Level erreicht (berührt) wird, sinkt die Dynamik ab und die nächste Candle ist rot. Das Short-Signal ist da. Zugegeben, was dann folgt war nicht gerade mustergültig und sicher hätte so mancher Scalper bei den ersten grünen Kerzen die Position wieder geschlossen. Jedenfalls waren

45

hier Gewinne zwischen 10-20 Punkten drin. Dennoch sind markante Swing-Hochs oder Tiefs oft interessante Einstiegs-Levels, weil man zumindest von einer kleinen Korrektur ausgehen kann. Solche Levels werden eben nicht einfach so aus dem Markt geholt, es sei denn die Rally erfolgt nach sehr wichtigen Wirtschaftsdaten.

C. Die Bedeutung der runde Zahl im Forex

Bild 21: GBP/JPY Stunden-Chart

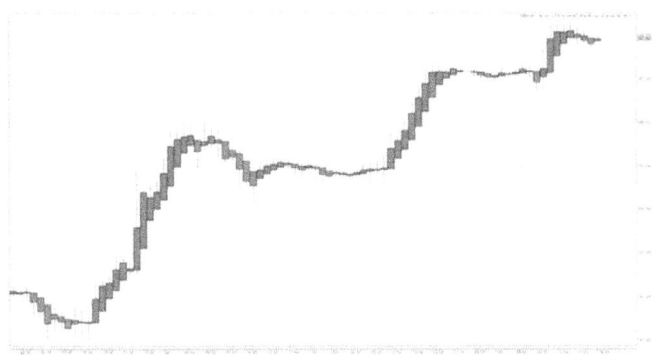

Bild 21 zeigt einen Stundenchart des Währungspaares GBP/JPY, auch „the Beast" genannt. GBP/JPY ist einer meiner favorisierten Tradingmärkte. Ich erkläre gleich weshalb. „The Beast" ist in der Tat ein wildes Tier, aber wer weiß, was er tut, kann in diesem Markt richtig Geld verdienen. Wie wir sehen können, wandert er gerne mal 200, ja mehr als 300 Pips täglich. Das ist ein Markt! Natürlich sind die Spreads hier etwas größer. Man sollte sein Risikomanagement von daher anpassen. Der Chart zeigt eindeutig, dass die Bullen das Sagen haben, oder? Wenn ich als schlauer Scalper in diesen Markt gehe, werde ich also primär nach interessanten Long-Signalen suchen. Schauen wir uns den Mikrokosmos mal an.

Bild 22: GBP/JPY: 1-Minuten-Chart

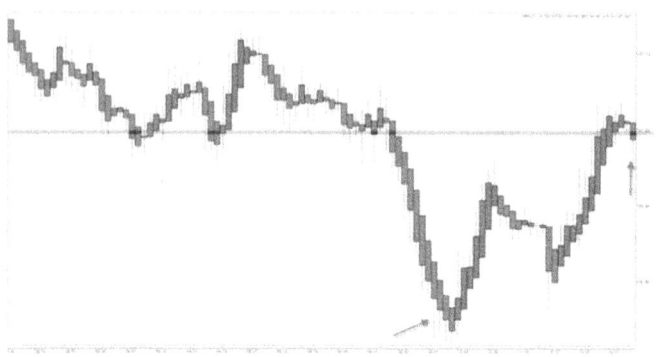

Im Bild 22 sind wir wieder beim 1-Minuten-Chart angekommen. Die horizontale Linie in der Mitte des Charts ist die runde Zahl 187,00. Diese wird noch wichtig werden. Wir sehen, dass das 187-Level im frühmorgendlichen Handel zunächst verteidigt wird. Dann kurz vor 10.00 Uhr gelingt es den Bären dennoch, den Preis unter dieses Level zu drücken: etwa 30 Pips. Ist das nicht eine wunderbare rote Leiter nach unten?

48

Nochmal: dieser Move ist nicht so leicht zu antizipieren. Zwar können Breakout-Trader einen Stopp-Sell unter den vorherigen Lows setzen, aber wer weiß ob man nicht einfach abgefischt wird? Schließlich befinden wir uns ja in einem Bullenmarkt. Aber solche schöne Treppen nach unten sind für mich als Scalper fast immer Geschenke. Ich weiß ja: das wird korrigiert. Und ein Scalp auf der Longseite, sobald die Kerzen von grün auf rot gewechselt sind, hätte zumindest schnelle 10 Pips erbracht. Dann kommt der Markt nochmal etwas zurück, erreicht aber nicht mehr das vorherige Tief und steigt erneut bis zum 187-Level. Dies ist nun eine sehr wichtige Information! Die Bären haben zwar versucht, den Markt nach unten zu drücken, aber es ist ihnen eindeutig nicht gelungen. Die Bullen schaffen es ohne Mühe wieder zum Ausgangspunkt: 187! Und jetzt schauen wir, was danach geschieht:

Bild 23: GBP/JPY, 1-Minuten-Chart

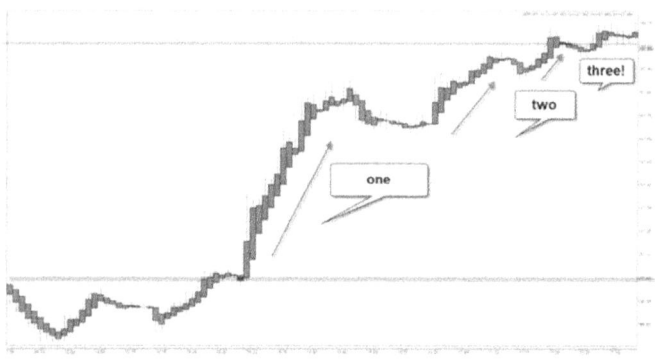

Links auf Bild 23 sehen Sie, wo wir auf Bild 22 angekommen sind. Die Bullen haben das Beast wieder zum Ausgangspunkt des Morgens, nämlich die runde Zahl 187,00 geführt (untere Linie). Und dann beginnen sie mit ihrem Tageswerk! In 3 Wellen treiben sie GBP/JPY zur nächsten runden Zahl: 188,00. One, two, three! Drei wunderbare Wellen, die jeder geschickter Scalper hätte traden können.

Wenn Sie den frühmorgendlichen Abtaucher als Fake erkannt hätten, hätten Sie natürlich gleich die 187 kaufen können. Nach der ersten (größten) Welle hätten Sie darauf vertrauen können, dass die Bullen die 188 aus dem Markt holen. Das sind 100 Pips in etwa 1 Stunde, zwischen 10.30 und 11.30 Uhr. Aber zugegeben: das können Sie nur, wenn Sie Erfahrung mit diesem Markt haben. The Beast macht gerne mal 100 Pips, einfach so, und deshalb liebe ich diesen Markt. Wenn Sie solche Moves gelegentlich mitnehmen können (notabene mit 5-10 Pips Stopp-Loss) werden Sie zu den Gewinnern an der Börse zählen.

Bild 24: USD/JPY, 1-Minuten-Chart

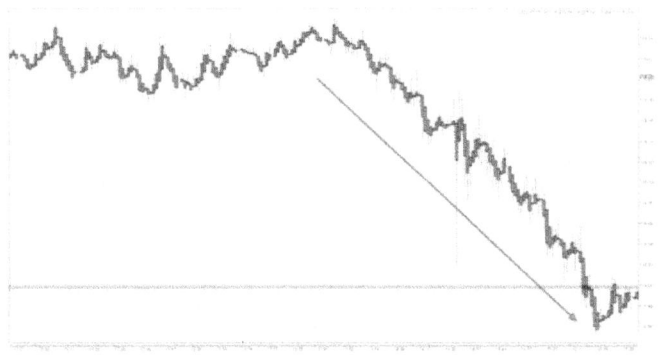

Ein völlig anderer aber ebenso interessanter Scalping-Markt ist das Währungspaar USD/JPY. Hier ist (oder scheint) die Volatilität deutlich geringer als beim GBP/JPY. USD/JPY ist ja das Hauptpaar der Yen-Pairs und hat demnach den höchsten Tages-Umsatz. 20 Pips bedeuten bereits eine ordentliche Bewegung in diesem

Markt. Entsprechend eng können die Stopps gesetzt werden (oft nur 2 oder 3 Pips vom Einstiegspreis entfernt). Das war auch in diesem Beispiel der Fall. Wir sehen eine klare Abwärtsbewegung, die das Paar gerade etwas unter die runde Zahl 119,00 führt (blaue horizontale Linie). Jetzt wird es spannend zu sehen, was danach geschieht.

Bild 25: USD/JPY, 1-Minuten-Chart

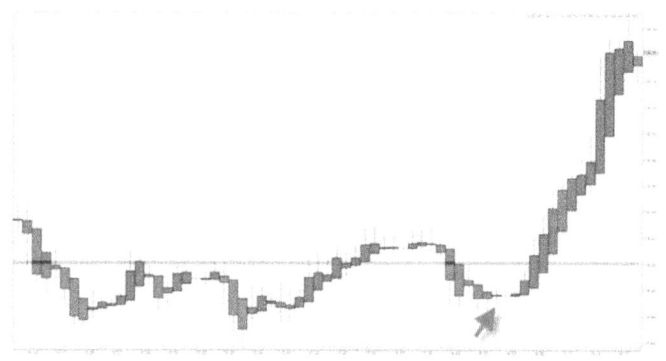

Wir sehen auf Bild 25 eindeutig, dass der USD/JPY unterhalb der runden Zahl 119 einen dreifachen Boden ausbildet. Dies ist sehr bedeutsam, zumal der dritte Boden (Pfeil) etwas höher liegt als der vorherige. Dies ist wiederum eine wichtige Information. Die Bullen lassen keine weiteren Tiefs unterhalb 119 zu. Das bedeutet, dass sie bereit sind, die 119 zu verteidigen. Dies geschieht dann auch und die nachfolgende Rally ist dann gut für 20 Pips. Zurück zum Start! Schauen wir uns diesen dritten Boden etwas genauer an:

Bild 26: USD/JPY, 1-Minuten-Chart

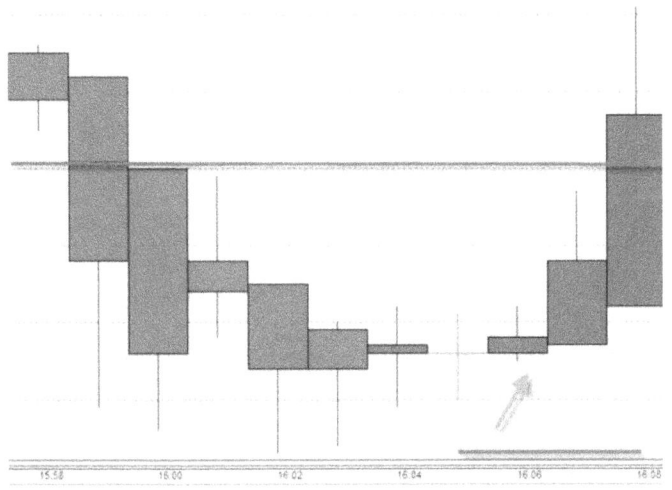

Zwei-drei Pips unterhalb des 119-Levels (horizontale Linie) werden die Candles kleiner und bilden dann auch zwei Dojis, deren Farbe auf grün wechselt. Spätestens hier, kurz vor der Vollendung des dreifachen Bodens, kann der Scalper eine Long-Position mit denkbar engem Stopp-Loss (2-3) Pips wagen. Dies wird sicher nicht immer gelingen, aber diesmal wären es im USD/JPY eben 20 Pips gewesen. Der kleine rote Strich unter den Candles zeigt den Stopp.

Bild 27: DAX, 1-Minuten-Chart

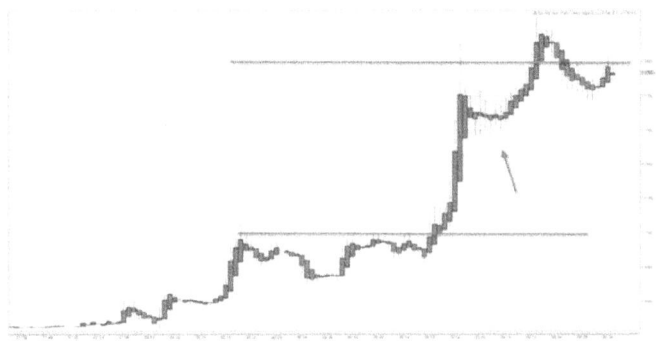

Bild 27 zeigt den 1-Minuten-Chart des DAX. Zur Information: Der DAX befand sich an dieser Stelle eindeutig in einer Aufwärtsbewegung. Wir sehen, wie die Käufer am frühen Morgen versuchen, das 11.700-Level zu überwinden (untere horizontale Linie). Um 9.00 Uhr (Handelsbeginn) gelingt es den Bullen schließlich doch und es geht gleich weiter hoch und zwar 100 Punkte innerhalb von 6 Minuten. Dies ist eine sehr wichtige Information! Denn es bedeutet, dass die Bullen die absolute Kontrolle über den Markt haben. Die Bären haben hier nichts zu sagen. Wichtig für Scalper ist dann,

54

was nach diesem ersten Move geschieht (Pfeil).
Das schauen wir uns etwas genauer an.

Bild 28: DAX, 1-Minuten-Chart

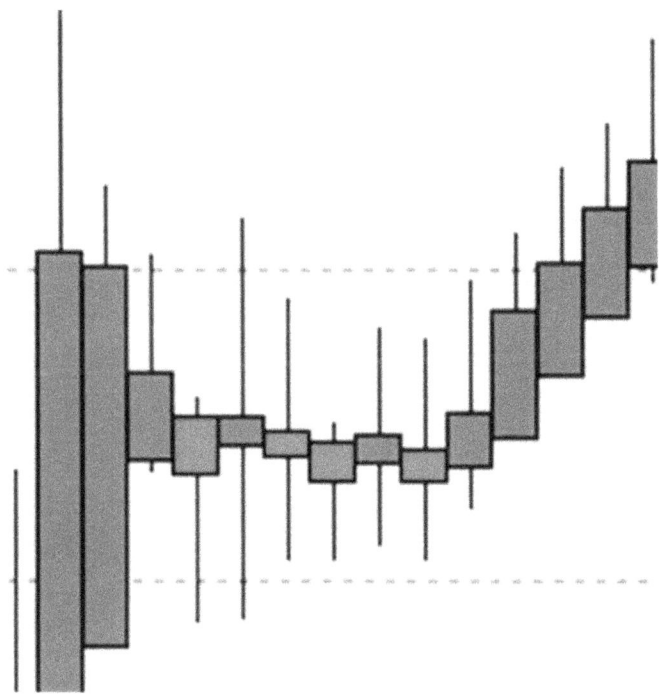

Im Minuten-Chart geht der DAX nach dieser
gewaltigen Bewegung allenfalls seitwärts. Nach
der Farbveränderung sehen wir 5 Spinning Tops
und auch zwei bullische Hammer. Wer hier
short ging, hatte nur wenig Freude. Die
Spinning Tops und vor allem die Hammer

weisen darauf hin, dass die Käufer noch nicht mal eine kleine Korrektur zulassen. Gewiss gibt es hier Gewinnmitnahmen aber diese führen kaum zum Verkaufsdruck. Die Kontrakte der Verkäufer werden sofort von den gierigen Bullen gekauft. Nachdem diese kurze Phase von 8 Minuten vorbei ist, geht es gleich weitere 45 Punkte höher. Die Lektion hier: Shorts verbieten sich nach solchen kräftigen Bewegungen (in 6 Minuten 100 Punkte!). Wer es dennoch gewagt hatte, kam günstigenfalls break-even aus dem Markt. Klüger war natürlich, die enorme Kraft der Bullen zu sehen und nach der Konsolidierungsphase long zu gehen.

8. Wie erkenne ich Trendtage?

In „normalen" Märkten kann der Scalper sowohl long als auch short gehen. Die Märkte gehen die meiste Zeit seitwärts. Es ist in diesen Situationen völlig unbedenklich, die Unterstützung (das Swing Low des vorherigen Tages, die runde Zahl) zu kaufen und den Widerstand (das Swing-Hoch des vorherigen Tages, die runde Zahl) zu verkaufen. Sie werden auch hier Verluste realisieren müssen aber, wie Sie bereits wissen, gehört dies zu Ihrem Börsen-Geschäft. Gefährlicher wird Countertrend-Scalping an Trend-Tagen, weil Sie sich hier gegen die vorherrschenden Kräfte des großen Geldes stellen. Am Abend ist es immer einfach festzustellen, dass der Markt, den Sie gerade traden, einen Trend-Tag hatte. Aber wissen Sie das auch um 9.00 Uhr morgens? Natürlich nicht. Niemand weiß es. Die Statistiken sagen aus, dass Märkte in 70 % der Zeit seitwärts gehen. Dies bedeutet, dass die Setups, die ich Ihnen in diesem Buch vorgestellt habe für einen Großteil Ihrer Trading-Zeit gültig sind.

Sollten Sie aber feststellen, dass der Markt sofort wieder anzieht, nachdem Sie eine erste Aufwärtsbewegung geshortet hatten, dann heißt es aufpassen! Die Chance, dass wir den Anfang eines Trend-Tages erleben, ist jetzt durchaus realistisch. Trendtage gibt es in der Regel 1-2 pro Woche. Sie sind nicht immer leicht zu identifizieren aber einige Hinweise gibt es doch. Wenn die zwei (oder drei) vorherigen Handelstage typische Range-Tage (Seitwärtsmärkte) waren, dann ist die Wahrscheinlichkeit erhöht, dass der heutige Tag ein Trend-Tag wird. Ein weiteres Indiz ist: es geht erst mal in die andere Richtung. Dies geschieht in den Forex-Märkten typischerweise am europäischen Vormittag. Die „Bären" schicken den Markt erstmal in den Keller. Bevorzugte Auffang-Levels sind oft eben genannte Vortages-Tiefs, wo größere Kauforder der „Bären" warten. Die großen Jungs möchten natürlich nochmal zu einem Extra-Discount in den Markt, bevor sie ihn wieder hochziehen. Oft beginnt die Rally nach etwas „Konsolidierung" am Tagestief. Die Herren (und Damen) wollen natürlich, dass alle ihre Kauforder ausgeführt werden. (Wenn Sie ein Beispiel dafür möchten, schauen Sie nochmal die Bilder 22-23 an).

Manchmal werden Sie auch ein schnelles Abtauchen erleben, das wie ein Sell-Off ausschaut. Im gleichen Atemzug wird der Markt wieder hochgezogen. Mann nennt dies eine V-Formation, weil die Bewegungen auf dem Chart wie ein V aussehen. Beispiele hierfür sehen Sie auf den Bildern 18-19. Auch dies sind natürlich ausgezeichnete Scalp-Gelegenheiten.

Trend-Tage ereignen sich oft, wenn wichtige Wirtschaftsdaten oder wichtige Pressekonferenzen der Zentralbanken anstehen. Rechnen Sie an solchen Tagen durchaus mit „erhöhter Volatilität", wie es in der Fachsprache so schön heißt. Es bedeutet meistens, dass der Haupttrend (Tages- oder Wochen-Chart) wieder aufgenommen wird. Sie werden an solchen Tagen oft erleben, dass sich Märkte wie der EUR/USD schon mal 100 bis 150 Pips bewegen. Und Sie wollen als Scalper doch auch ein Stück von diesem Kuchen bekommen, oder?

Nichts ist anstrengender als wenn Sie versuchen einen Markt, der den ganzen Tag steigt, zu shorten. Glauben Sie mir, ich spreche aus eigener Erfahrung. Ich habe mich zur Genüge daran versündigt. Es gibt kaum eine schwerere

Methode, sein Geld zu verdienen, als Shorter zu sein in einem Bullenmarkt. Das Gegenteil gilt natürlich auch. Wenn Sie in fallenden Märkten ständig als großzügiger Käufer auftreten, steht Ihnen ein schweres (und teures) Leben bevor. Und deshalb ist es so wichtig, dass Sie auch als Scalper immer den Blick auf das große Bild haben. Wenn Sie nicht wissen, ob sich „Ihr" Markt im Tageschart oder 4-Stunden-Chart in einem Aufwärtstrend, einem Abwärtstrend oder auch einen Seitwärtstrend befindet, wissen Sie eigentlich nicht, was Sie tun. Selbst wenn Sie Ihre Scalps mit chirurgischer Präzision durchführen. Sie müssen die unterliegenden Kräfte Ihres Marktes kennen. Studieren Sie Trends, studieren Sie den Wirtschaftskalender und – Sie werden vielleicht lachen – lesen Sie ab und zu mal den Finanzteil einer guten Zeitung. Der Vorteil solcher Zeitungs-Artikel ist, dass Sie ausnahmsweise mal nicht im Internet unterwegs sind. Sie bekommen vielleicht mit etwas Distanz eine gute Analysten-Einschätzung zu einem Währungsraum (und dem dazugehörenden Bond-Markt). Vielleicht mit einer guten Zigarre? Wie wäre das?

Ich hoffe, Sie sehen ein, dass Sie in Bullenmärkten eher versuchen sollten, den Markt von der Long-Seite anzugehen und in Bärenmärkten von der Short-Seite. Sie haben dann einfach die Wahrscheinlichkeiten, für sich statt gegen sich. Sollte man in Bullenmärkten denn gar nicht short gehen? Nein, das würde ich so nicht behaupten wollen. Für Scalper gibt es immer Chancen auf beiden Seiten. Es muss Ihnen aber klar sein, dass, wenn Sie eine Kaufposition in einem Bärenmarkt halten, die Verkäufer jederzeit aktiv werden können. Auch wenn wir Countertrend-Scalper sind, heißt das noch lange nicht, dass wir unsere Segel permanent gegen den Wind setzen. Seien Sie also auf der Hut, wenn Sie gegen den Hauptrend eines Marktes scalpen.

9. Wie scalpe ich trend-tage?

Trend-Tage sind aber keine Bedrohung für einen Countertrend-Scalper. Ganz im Gegenteil! Trend-Tage sind die Tage, an denen oft der höchste Gewinn gemacht wird. Wie der Name es schon sagt, bedeutet ein Trend-Tag, dass der Markt in einen deutlichen Trend übergeht. Auf den ersten Blick würde man meinen, dass dies die Arbeit eines Traders vereinfacht. Aber die Erfahrung zeigt doch eher, dass viele Scalper und Trader viel zu wenig aus so einem Tag herausholen, ja sogar Verluste realisieren. Weshalb dies so ist, würde den Rahmen dieses Buches sprengen. Es wäre das Thema einer tiefergehenden Studie der Trader-Psychologie.

Bild 29: EUR/USD, 2-Minuten-Chart

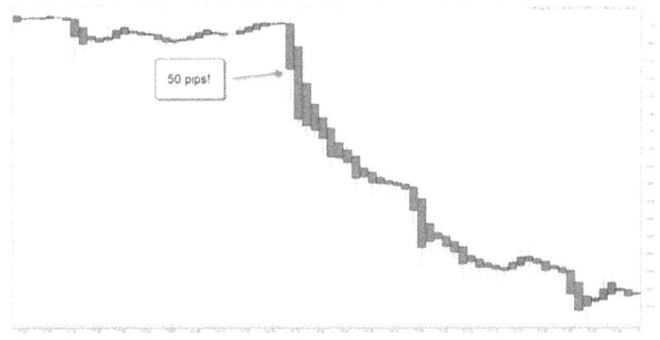

Links oben im Chart sehen Sie, dass der Markt zunächst seitwärts geht. Das war im übrigen den ganze Vormittag so bis 14:30 Uhr. Dann wurde der Consumer Price Index CPI der USA für April 2015 veröffentlicht (US-amerikanischer Verbraucherpreisindex). Die Zahl war etwas schwächer als erwartet, aber das hielt die Marktteilnehmer nicht davon ab, massiv Dollar zu kaufen und Euros zu verkaufen. Warum? Weil der Haupttrend im EUR/USD seit Monaten short war. Punkt. Noch Fragen?

Als Countertrend-Scalper haben wir hier natürlich ein Problem, weil es kaum Gegentrends gibt. Bei der ersten Candle nach der Veröffentlichung ging es gleich 50 Pips nach unten. Und danach weitere 120 Pips ohne nennenswerte Gegenwehr. Das ist natürlich extrem. Sie können in einem solchen Markt natürlich an einer beliebigen Stelle short gehen, Sie werden einen Gewinn einfahren. Ich möchte aber eine deutliche Warnung aussprechen: Sie können es tun aber tun Sie es auch hier mit einem engen Stopp. Werden Sie ausgestoppt, dann ist es eben Pech. Eher empfehle ich, wenn es kurz mal in die andere Richtung geht (und seien es nur einige Sekunden oder 1 Minute) **mit**

einer kleineren Positionsgröße als sonst short zu gehen und dann den Stopp etwas (sagen wir maximal 20 Pips) weiter weg zu setzen. Auch dies wird nicht immer gelingen aber hin und wieder werden Sie einen schönen Gewinn einfahren. Übrigens kommen solche wichtige Zahlen oft am Freitag. Es ist ein guter Brauch unter Tradern, wenn Ihnen ein solcher Coup gelungen ist, Schluss zu machen für die Woche. Die Zigarre wartet!

10. Zum Schluss

Dem aufmerksamen Trader wird aufgefallen sein, dass ich das Thema Risiko- und Money Management bisher ausgelassen habe. Das ist sicher nicht, weil ich das Thema uninteressant finde! Ganz im Gegenteil. Sie haben jetzt das zweite Buch in der Reihe Scalpen macht Spaß! gelesen, das sich ganz konkret mit der Technik des Scalpens beschäftigt. Ich hoffe, dass ich Ihnen mit diesen Beispielen aus verschiedenen Märkten meinen Trading-Stil verdeutlichen konnte. Money Management finde ich aber so wichtig, dass ich dieses Thema gesondert im Teil 3 dieser Reihe besprechen möchte. Vor allem sollen folgende Fragen im Vordergrund stehen:

1. Wie bewerte ich meine Trading-Ergebnisse?
2. Welches sind die wichtigsten Kennzahlen für diese Bewertung?
3. Welche Parameter kann ich verändern, um meine Ergebnisse zu optimieren?

Wenn Sie die Methode verstehen und darüberhinaus die Grundsätze des Risikos beherrschen, steht Ihrer Trader-Karriere nichts mehr im Weg.

Viel Erfolg!
Heikin Ashi Trader

Lieber Leser,

Wenn Ihnen dieses Buch gefallen hat, dann schreiben Sie doch eine nette Kundenrezension bei Amazon. Das hilft dem Buch sehr! Und wenn Sie Kritik haben, können Sie diese selbstverständlich auch äußern. Ich nehme jede begründete Kritik ernst und versuche hiermit, meine Bücher weiter zu verbessern. Niemand ist perfekt und man kann immer neue Dinge lernen.

Ich bedanke mich jedenfalls bei Ihnen für den Kauf dieses Buches und wünsche Ihnen viel Erfolg bei Ihren Börsen-Geschäften.

Kennen Sie auch schon das dritte Buch der Reihe
„Scalpen macht Spaß!"?

Sie finden es auf: www.amazon.de

Ein weiteres Buch auf Amazon: Wie starte ich mit 500 Euro ein Trading-Business?

Viele Trader haben am Anfang nur wenig Geld für's Traden zur Verfügung. Dies muss aber kein Hindernis sein, trotzdem eine Trader-Karriere ins Auge zu fassen.

Impressum

Texte: © Copyright by Heikin Ashi Trader
Wilhemshavener Strasse 66A
10551 Berlin
Germany
pdevaere@yahoo.de

www.ingramcontent.com/pod-product-compliance
Lightning Source LLC
Chambersburg PA
CBHW071620170526
45166CB00003B/1133